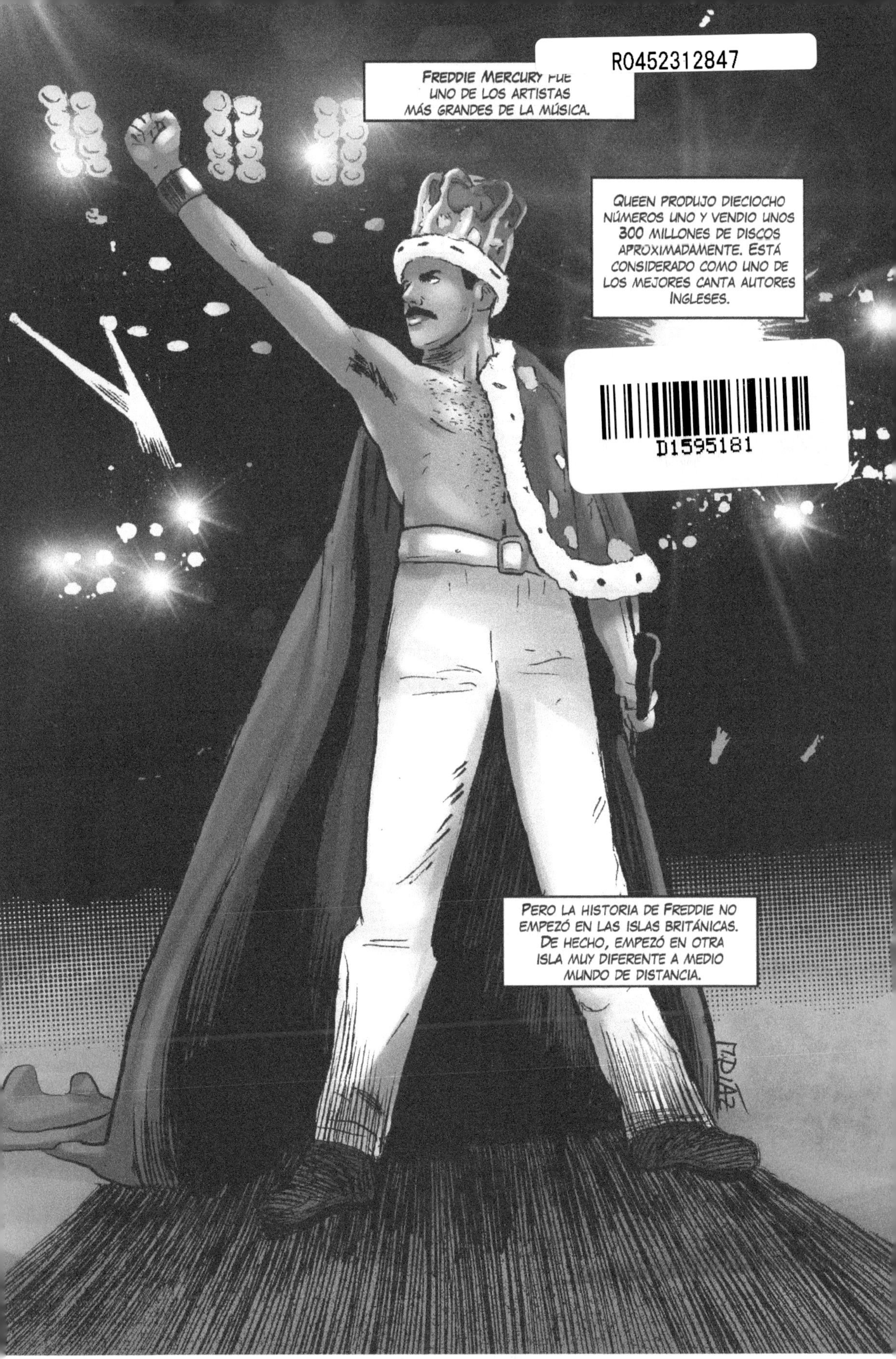
Freddie Mercury fue uno de los artistas más grandes de la música.
Queen produjo dieciocho números uno y vendio unos 300 millones de discos aproximadamente. Está considerado como uno de los mejores canta autores Ingleses.
Pero la historia de Freddie no empezó en las islas británicas. De hecho, empezó en otra isla muy diferente a medio mundo de distancia.

FREDDIE MERCURY NACIÓ COMO FARROKH BULSARA EL 5 DE SEPTIEMBRE DE 1946, EN LA PEQUEÑA ISLA DE ZANZÍBAR.

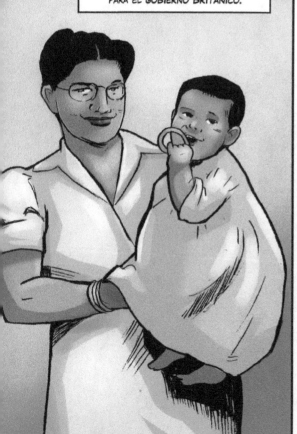

NACIÓ DE UNA FAMILIA PARSI DE ALTO RANGO QUE TRABAJABAN PARA EL GOBIERNO BRITÁNICO.

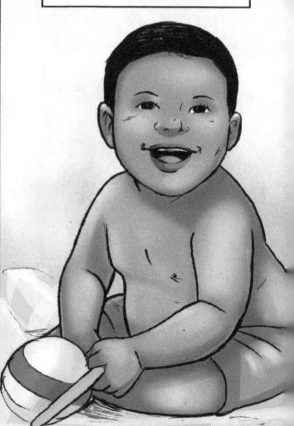

CASI DE INMEDIATO ESTABA EN EL OJO PÚBLICO CUANDO UNA FOTO SUYA GANÓ UNA COMPETICIÓN DE FOTOGRAFÍA LOCAL.

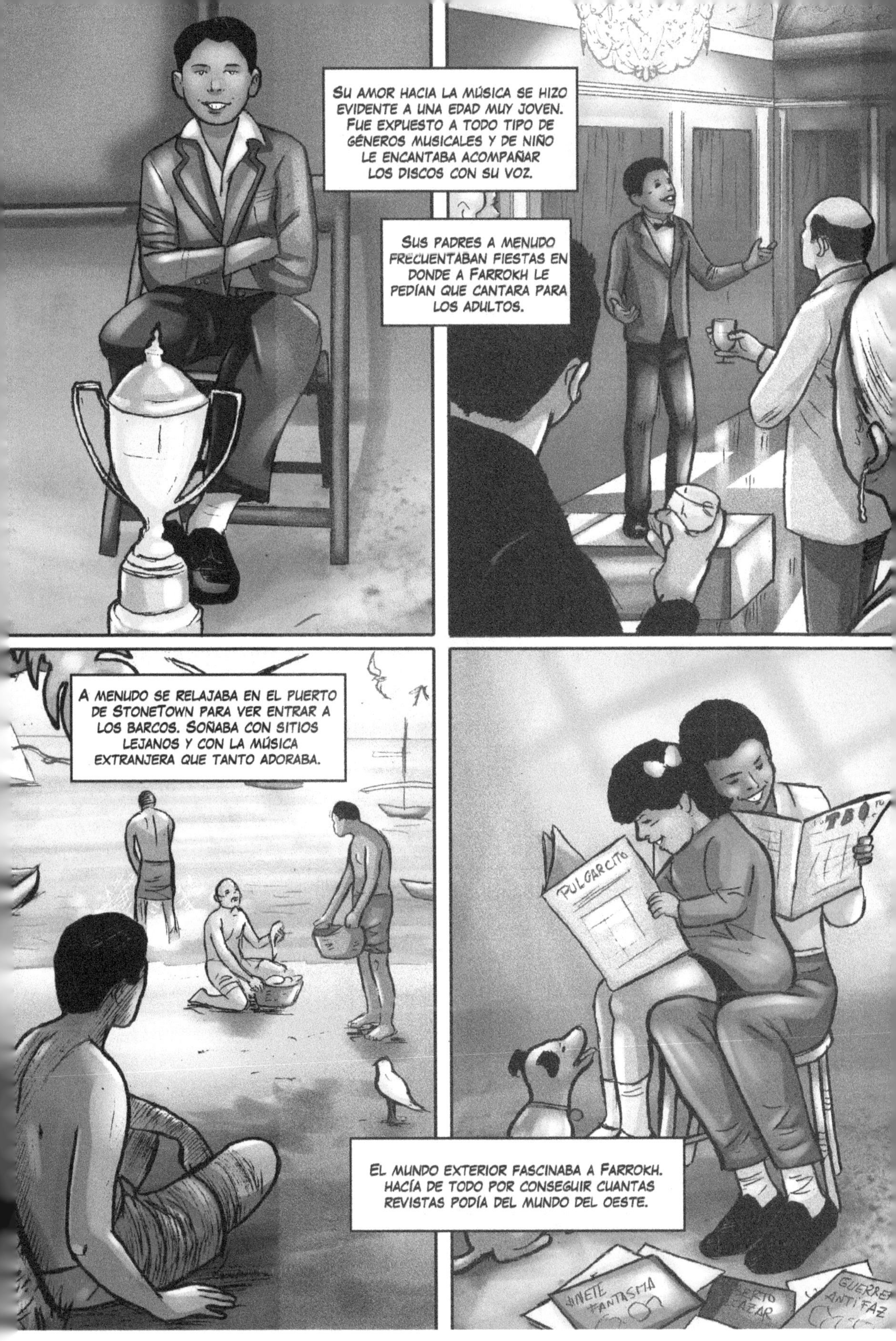
Su amor hacia la música se hizo evidente a una edad muy joven. Fue expuesto a todo tipo de géneros musicales y de niño le encantaba acompañar los discos con su voz.
Sus padres a menudo frecuentaban fiestas en donde a Farrokh le pedían que cantara para los adultos.
A menudo se relajaba en el puerto de StoneTown para ver entrar a los barcos. Soñaba con sitios lejanos y con la música extranjera que tanto adoraba.
PULGARCITO
TBO
El mundo exterior fascinaba a Farrokh. Hacía de todo por conseguir cuantas revistas podía del mundo del oeste.
JINETE FANTASMA

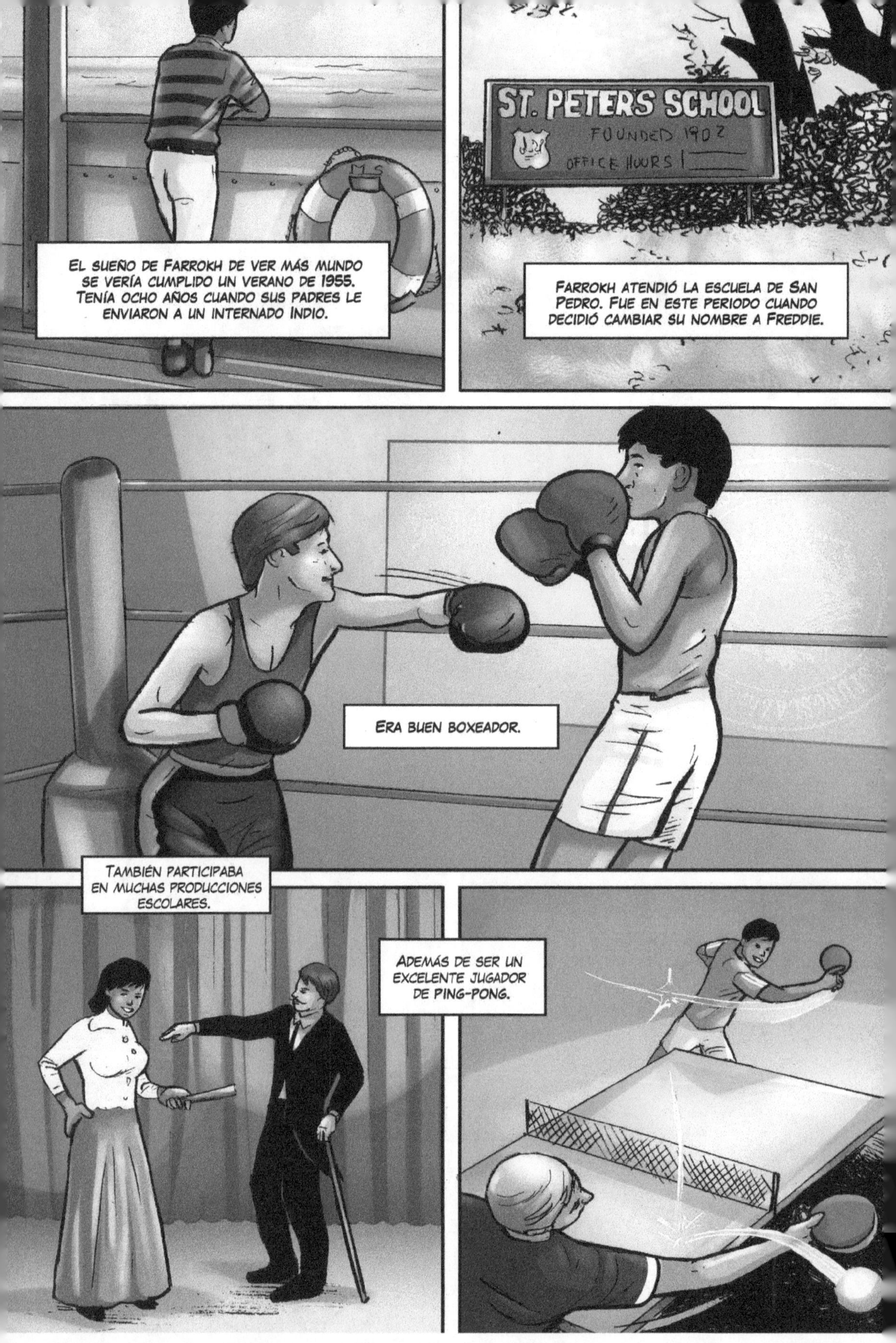

El sueño de Farrokh de ver más mundo se vería cumplido un verano de 1955. Tenía ocho años cuando sus padres le enviaron a un internado Indio.
M.S
ST. PETERS SCHOOL
FOUNDED 1902
OFFICE HOURS
Farrokh atendió la escuela de San Pedro. Fue en este periodo cuando decidió cambiar su nombre a Freddie.
Era buen boxeador.
También participaba en muchas producciones escolares.
Además de ser un excelente jugador de ping-pong.

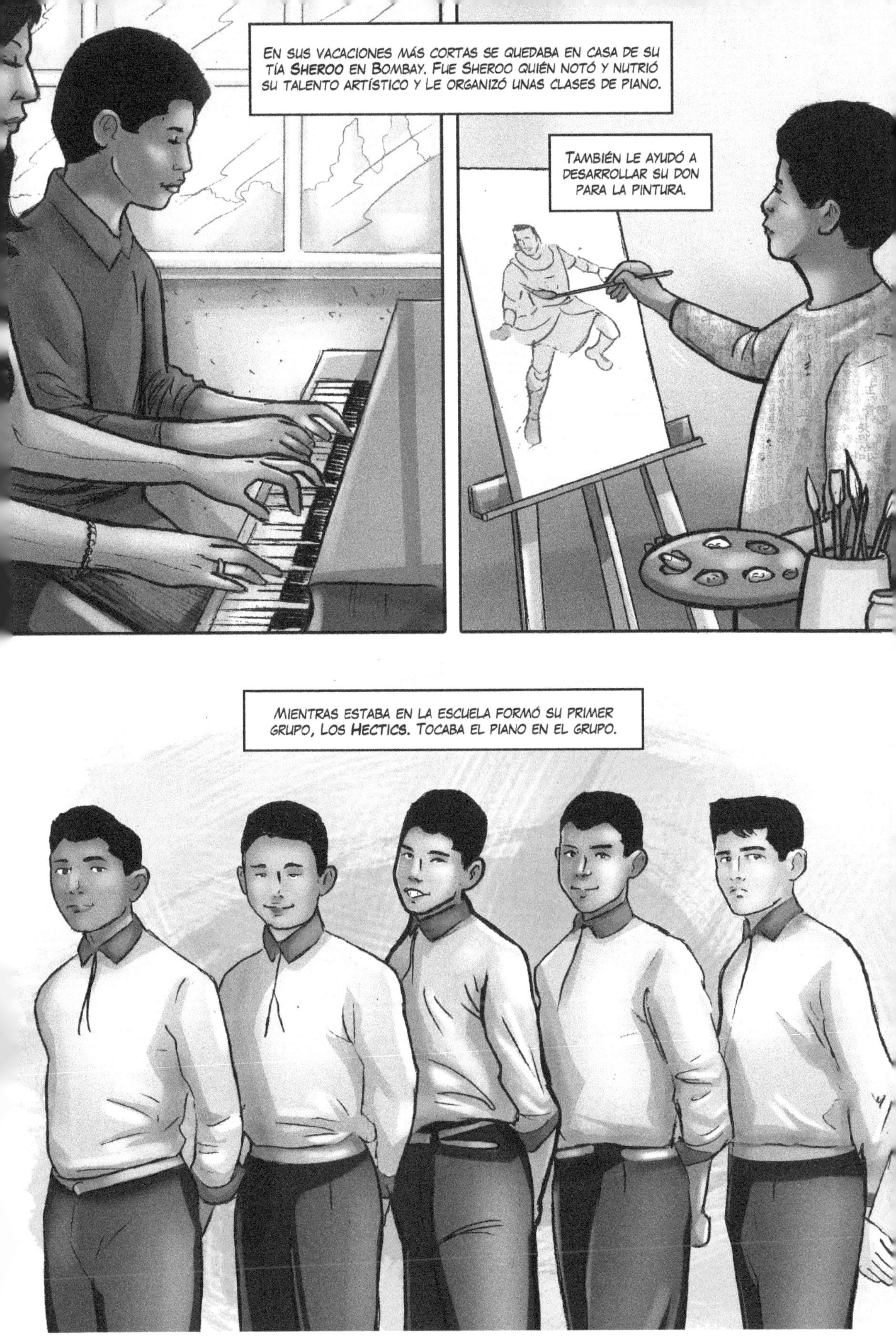
En sus vacaciones más cortas se quedaba en casa de su tía Sheroo en Bombay. Fue Sheroo quién notó y nutrió su talento artístico y le organizó unas clases de piano.
También le ayudó a desarrollar su don para la pintura.
Mientras estaba en la escuela formó su primer grupo, Los Hectics. Tocaba el piano en el grupo.

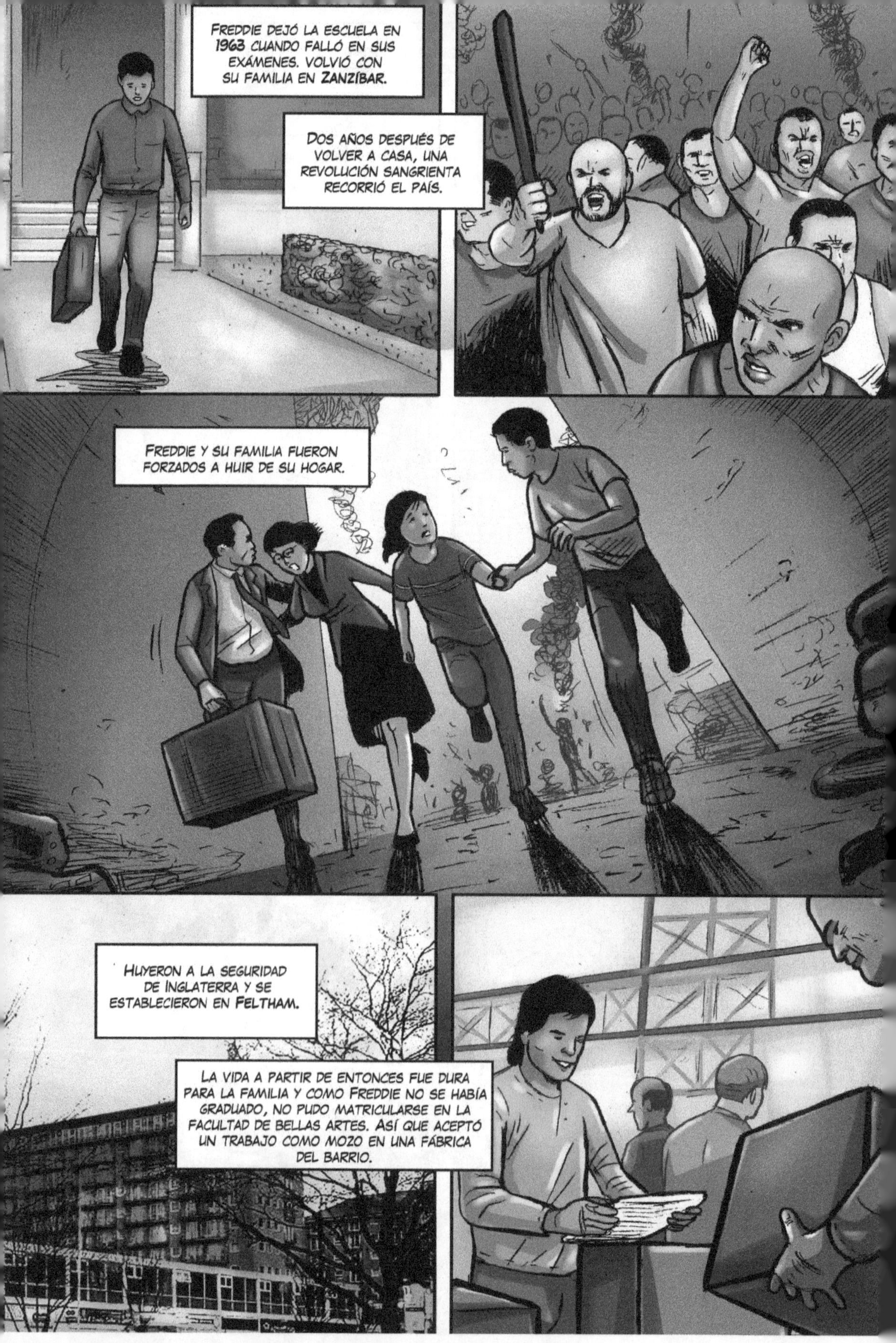
Freddie dejó la escuela en 1963 cuando falló en sus exámenes. Volvió con su familia en Zanzíbar.
Dos años después de volver a casa, una revolución sangrienta recorrió el país.
Freddie y su familia fueron forzados a huir de su hogar.
Huyeron a la seguridad de Inglaterra y se establecieron en Feltham.
La vida a partir de entonces fue dura para la familia y como Freddie no se había graduado, no pudo matricularse en la facultad de bellas artes. Así que aceptó un trabajo como mozo en una fábrica del barrio.

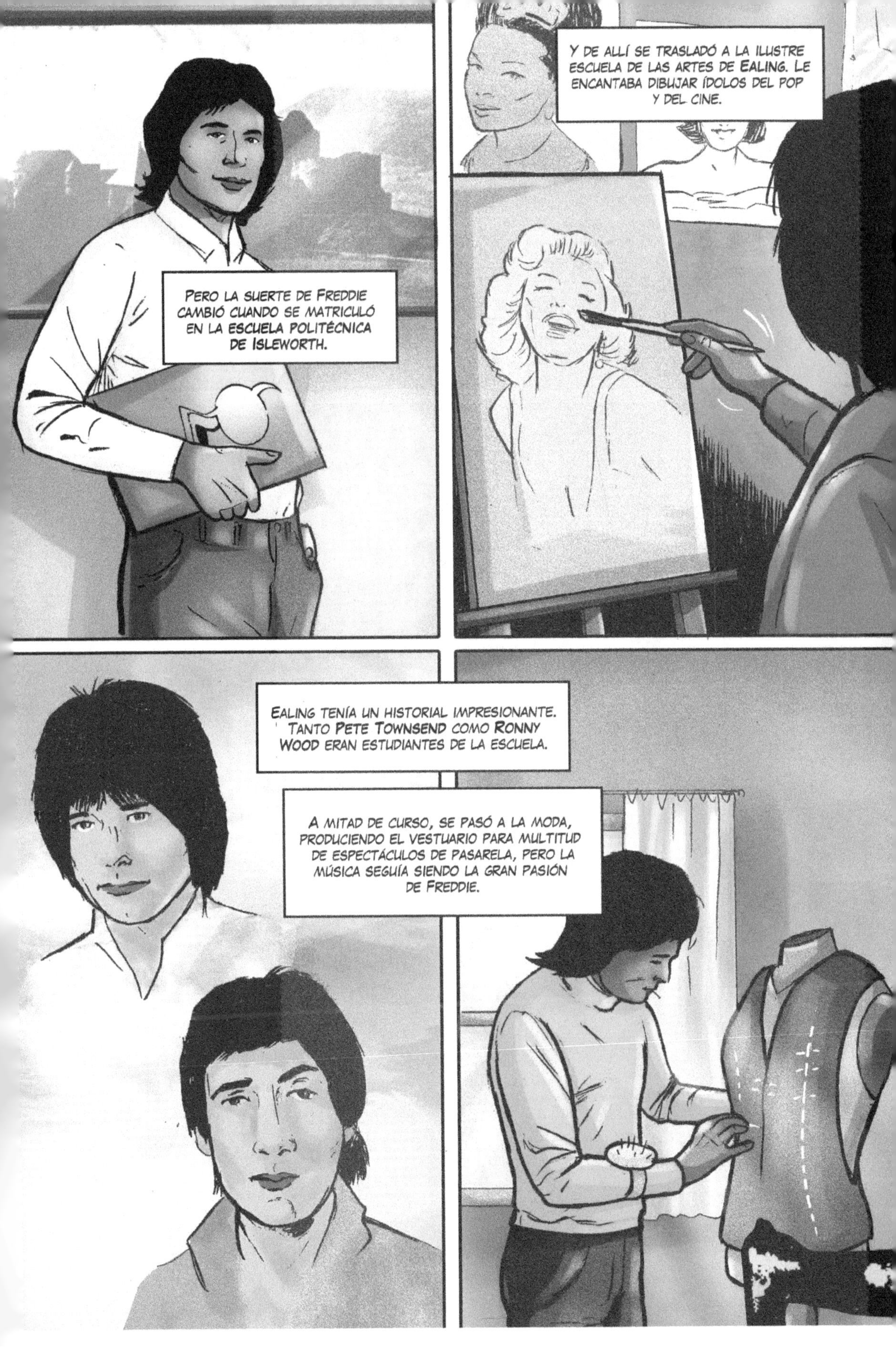
Pero la suerte de Freddie cambió cuando se matriculó en la escuela politécnica de Isleworth.
Y de allí se trasladó a la ilustre escuela de las artes de Ealing. Le encantaba dibujar ídolos del pop y del cine.
Ealing tenía un historial impresionante. Tanto Pete Townsend como Ronny Wood eran estudiantes de la escuela.
A mitad de curso, se pasó a la moda, produciendo el vestuario para multitud de espectáculos de pasarela, pero la música seguía siendo la gran pasión de Freddie.

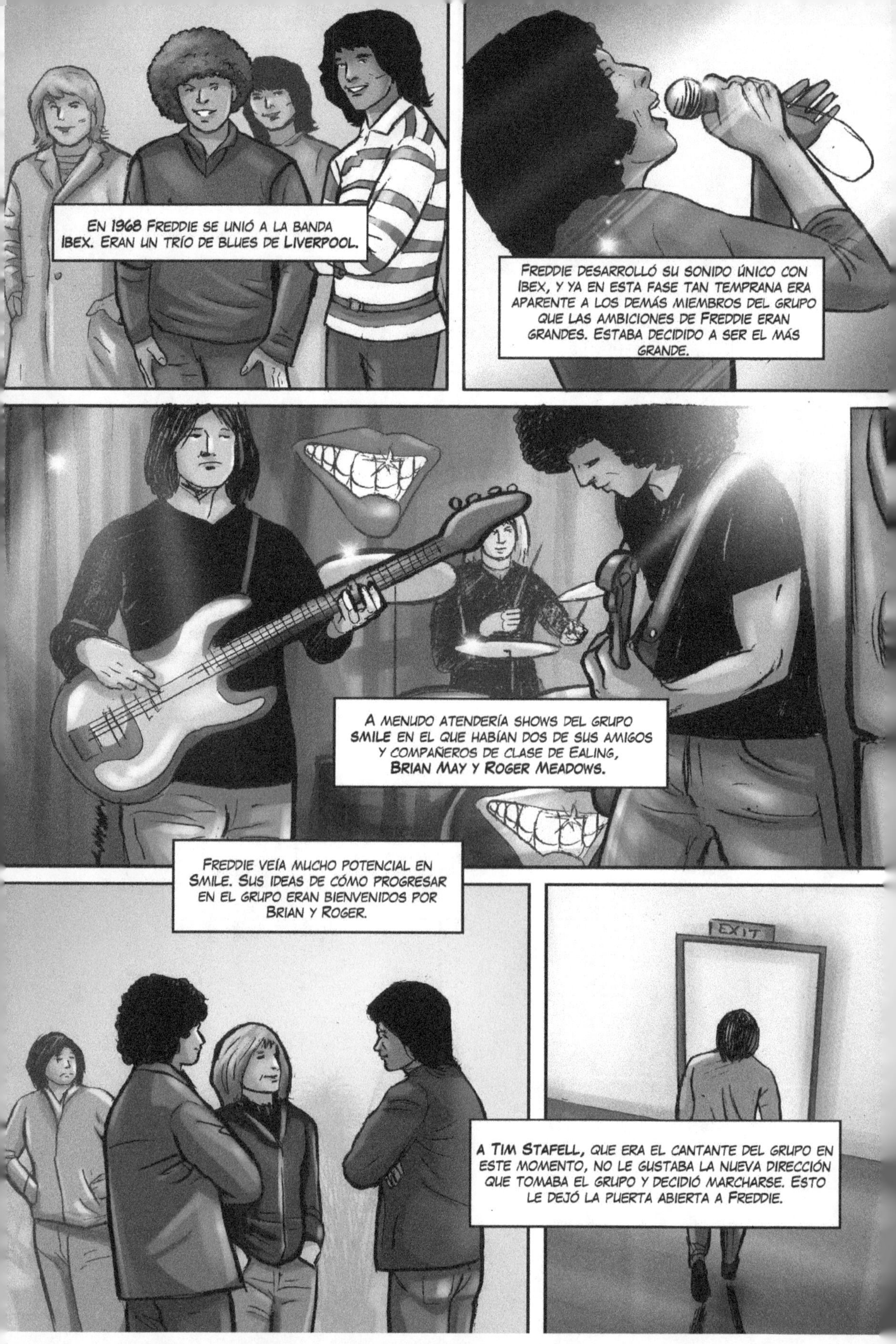
EN 1968 FREDDIE SE UNIÓ A LA BANDA IBEX. ERAN UN TRÍO DE BLUES DE LIVERPOOL.
FREDDIE DESARROLLÓ SU SONIDO ÚNICO CON IBEX, Y YA EN ESTA FASE TAN TEMPRANA ERA APARENTE A LOS DEMÁS MIEMBROS DEL GRUPO QUE LAS AMBICIONES DE FREDDIE ERAN GRANDES. ESTABA DECIDIDO A SER EL MÁS GRANDE.
A MENUDO ATENDERÍA SHOWS DEL GRUPO SMILE EN EL QUE HABÍAN DOS DE SUS AMIGOS Y COMPAÑEROS DE CLASE DE EALING, BRIAN MAY Y ROGER MEADOWS.
FREDDIE VEÍA MUCHO POTENCIAL EN SMILE. SUS IDEAS DE CÓMO PROGRESAR EN EL GRUPO ERAN BIENVENIDOS POR BRIAN Y ROGER.
EXIT
A TIM STAFELL, QUE ERA EL CANTANTE DEL GRUPO EN ESTE MOMENTO, NO LE GUSTABA LA NUEVA DIRECCIÓN QUE TOMABA EL GRUPO Y DECIDIÓ MARCHARSE. ESTO LE DEJÓ LA PUERTA ABIERTA A FREDDIE.

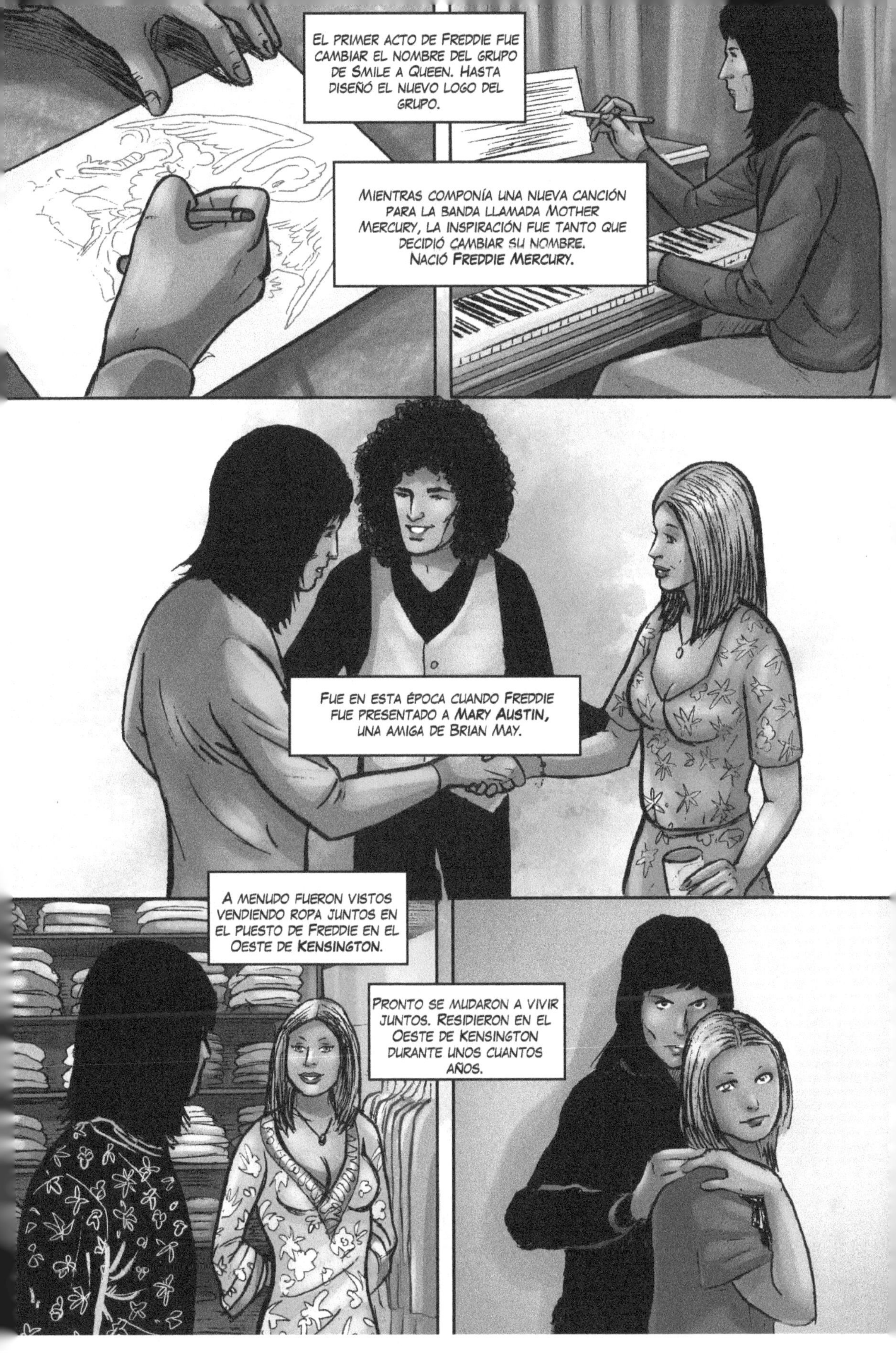

El primer acto de Freddie fue cambiar el nombre del grupo de Smile a Queen. Hasta diseñó el nuevo logo del grupo.
Mientras componía una nueva canción para la banda llamada Mother Mercury, la inspiración fue tanto que decidió cambiar su nombre. Nació **Freddie Mercury**.
Fue en esta época cuando Freddie fue presentado a **Mary Austin**, una amiga de Brian May.
A menudo fueron vistos vendiendo ropa juntos en el puesto de Freddie en el Oeste de **Kensington**.
Pronto se mudaron a vivir juntos. Residieron en el Oeste de Kensington durante unos cuantos años.

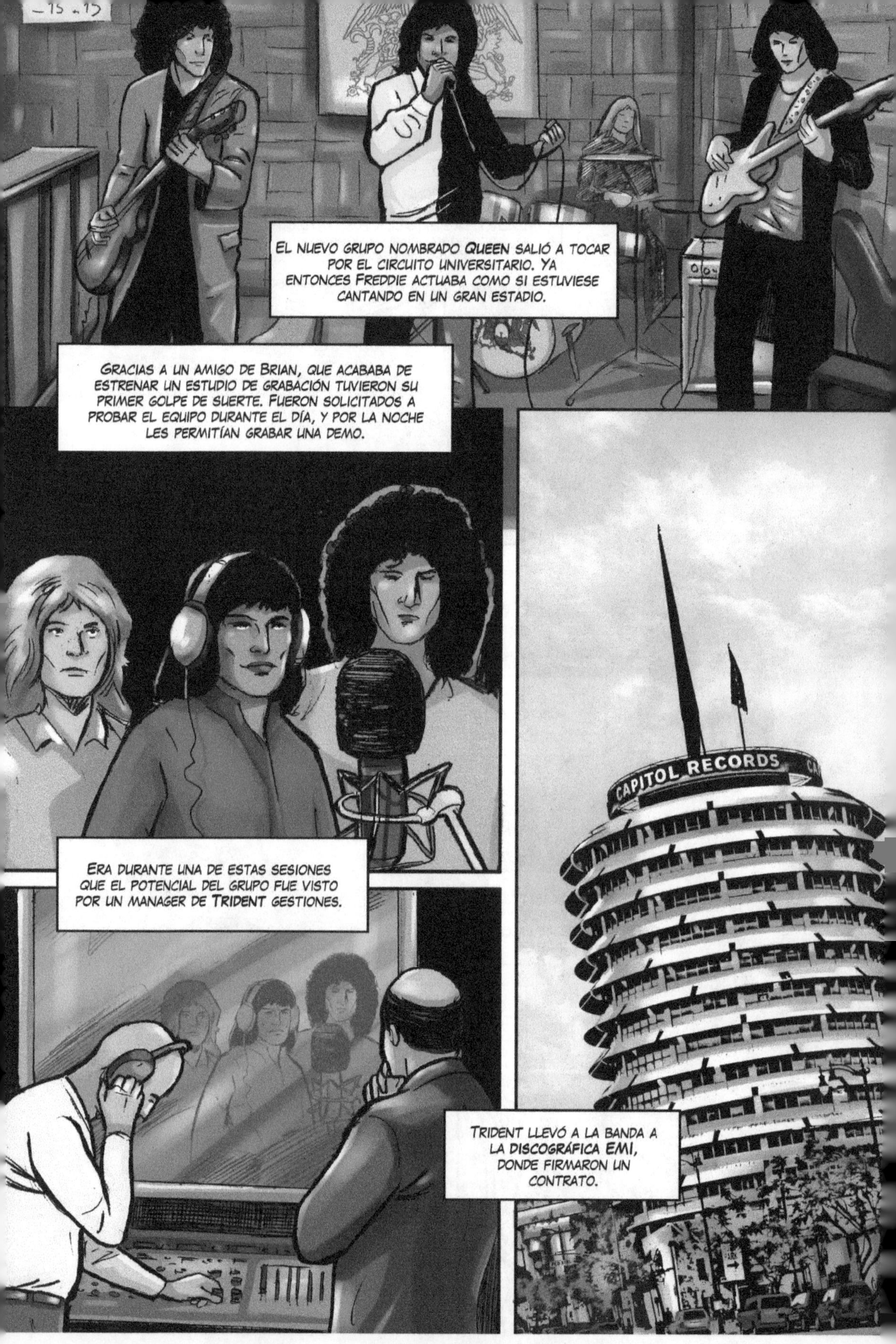
EL NUEVO GRUPO NOMBRADO QUEEN SALIÓ A TOCAR POR EL CIRCUITO UNIVERSITARIO. YA ENTONCES FREDDIE ACTUABA COMO SI ESTUVIESE CANTANDO EN UN GRAN ESTADIO.
GRACIAS A UN AMIGO DE BRIAN, QUE ACABABA DE ESTRENAR UN ESTUDIO DE GRABACIÓN TUVIERON SU PRIMER GOLPE DE SUERTE. FUERON SOLICITADOS A PROBAR EL EQUIPO DURANTE EL DÍA, Y POR LA NOCHE LES PERMITÍAN GRABAR UNA DEMO.
ERA DURANTE UNA DE ESTAS SESIONES QUE EL POTENCIAL DEL GRUPO FUE VISTO POR UN MANAGER DE TRIDENT GESTIONES.
CAPITOL RECORDS
TRIDENT LLEVÓ A LA BANDA A LA DISCOGRÁFICA EMI, DONDE FIRMARON UN CONTRATO.

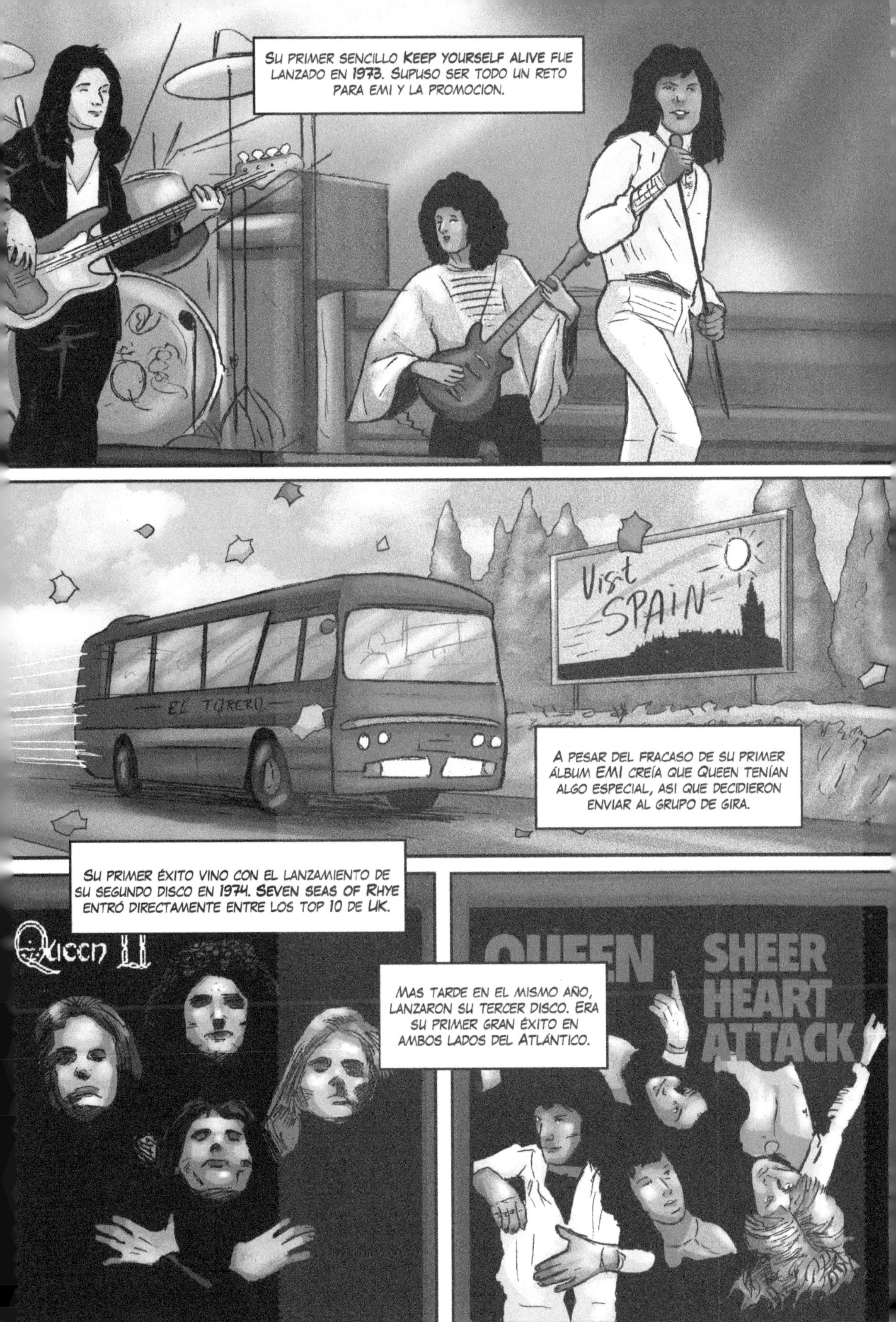
Su primer sencillo Keep yourself alive fue lanzado en 1973. Supuso ser todo un reto para EMI y la promocion.
Visit SPAIN
A pesar del fracaso de su primer álbum EMI creía que Queen tenían algo especial, asi que decidieron enviar al grupo de gira.
Su primer éxito vino con el lanzamiento de su segundo disco en 1974. Seven seas of Rhye entró directamente entre los top 10 de UK.
Queen II
QUEEN
SHEER HEART ATTACK
Mas tarde en el mismo año, lanzaron su tercer disco. Era su primer gran éxito en ambos lados del Atlántico.

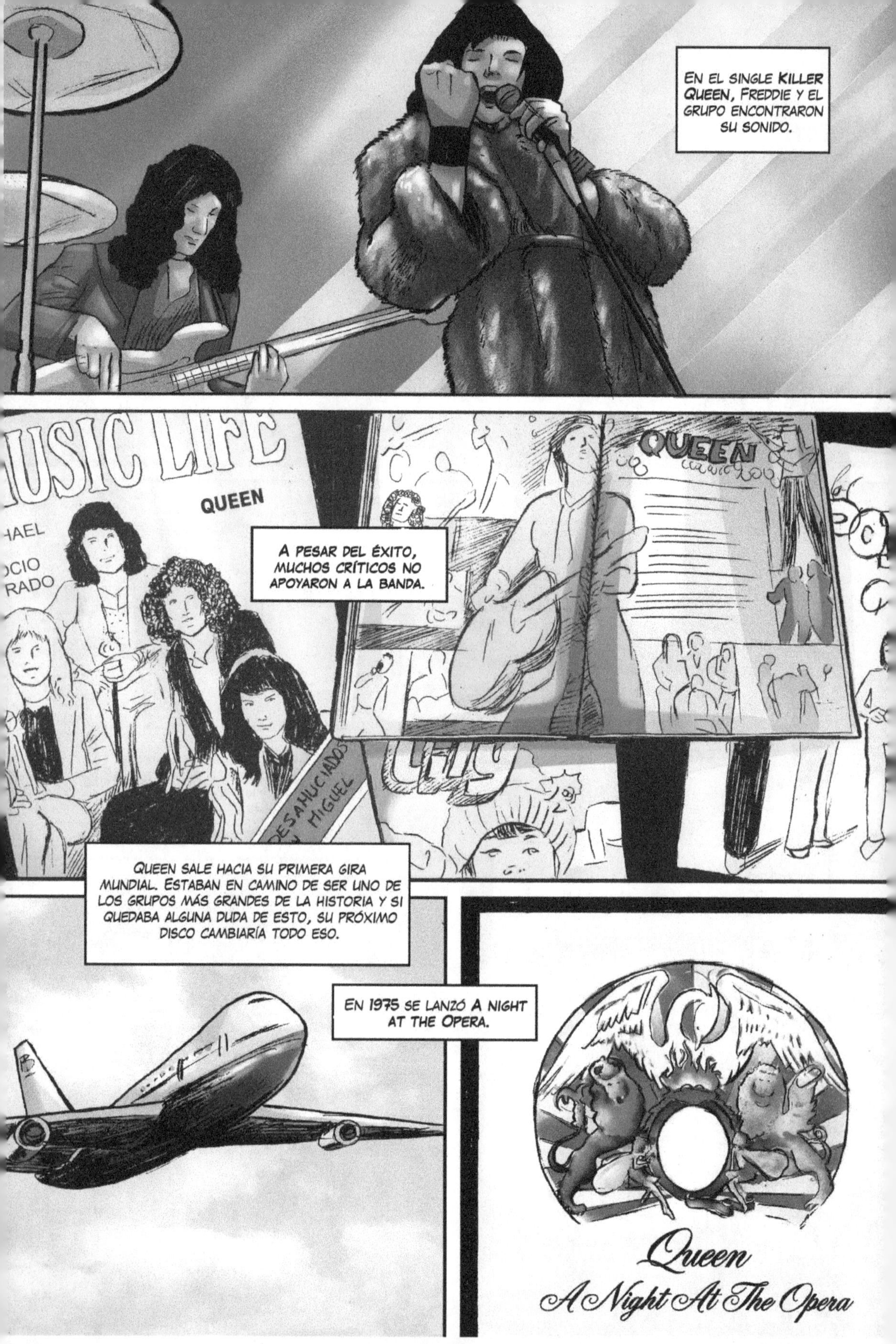

EN EL SINGLE **KILLER QUEEN**, FREDDIE Y EL GRUPO ENCONTRARON SU SONIDO.
QUEEN
A PESAR DEL ÉXITO, MUCHOS CRÍTICOS NO APOYARON A LA BANDA.
DESAHUCIADOS
MIGUEL
QUEEN
QUEEN SALE HACIA SU PRIMERA GIRA MUNDIAL. ESTABAN EN CAMINO DE SER UNO DE LOS GRUPOS MÁS GRANDES DE LA HISTORIA Y SI QUEDABA ALGUNA DUDA DE ESTO, SU PRÓXIMO DISCO CAMBIARÍA TODO ESO.
EN 1975 SE LANZÓ **A NIGHT AT THE OPERA**.
Queen
A Night At The Opera

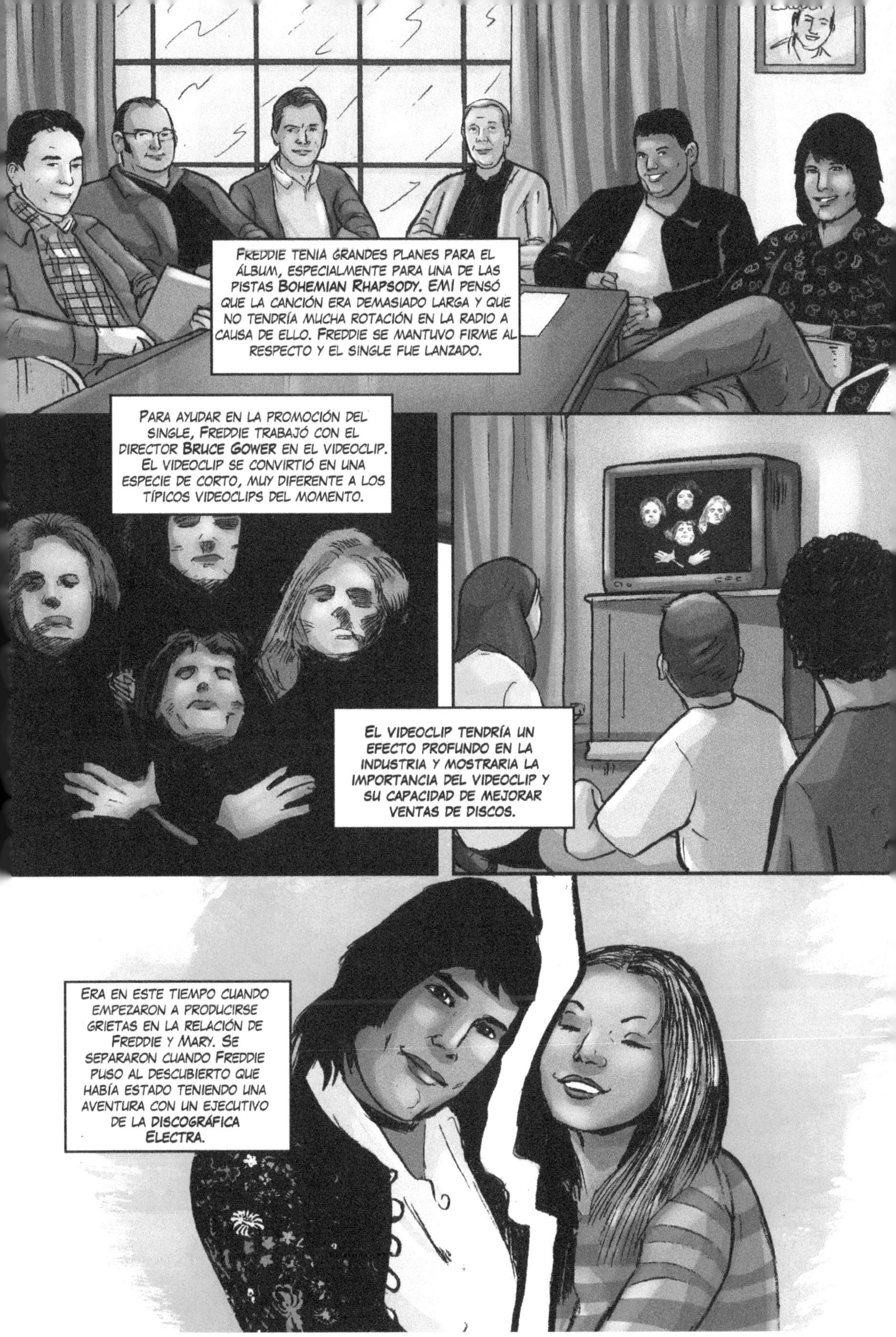
FREDDIE TENIA GRANDES PLANES PARA EL ÁLBUM, ESPECIALMENTE PARA UNA DE LAS PISTAS BOHEMIAN RHAPSODY. EMI PENSÓ QUE LA CANCIÓN ERA DEMASIADO LARGA Y QUE NO TENDRÍA MUCHA ROTACIÓN EN LA RADIO A CAUSA DE ELLO. FREDDIE SE MANTUVO FIRME AL RESPECTO Y EL SINGLE FUE LANZADO.
PARA AYUDAR EN LA PROMOCIÓN DEL SINGLE, FREDDIE TRABAJÓ CON EL DIRECTOR BRUCE GOWER EN EL VIDEOCLIP. EL VIDEOCLIP SE CONVIRTIÓ EN UNA ESPECIE DE CORTO, MUY DIFERENTE A LOS TÍPICOS VIDEOCLIPS DEL MOMENTO.
EL VIDEOCLIP TENDRÍA UN EFECTO PROFUNDO EN LA INDUSTRIA Y MOSTRARIA LA IMPORTANCIA DEL VIDEOCLIP Y SU CAPACIDAD DE MEJORAR VENTAS DE DISCOS.
ERA EN ESTE TIEMPO CUANDO EMPEZARON A PRODUCIRSE GRIETAS EN LA RELACIÓN DE FREDDIE Y MARY. SE SEPARARON CUANDO FREDDIE PUSO AL DESCUBIERTO QUE HABÍA ESTADO TENIENDO UNA AVENTURA CON UN EJECUTIVO DE LA DISCOGRÁFICA ELECTRA.

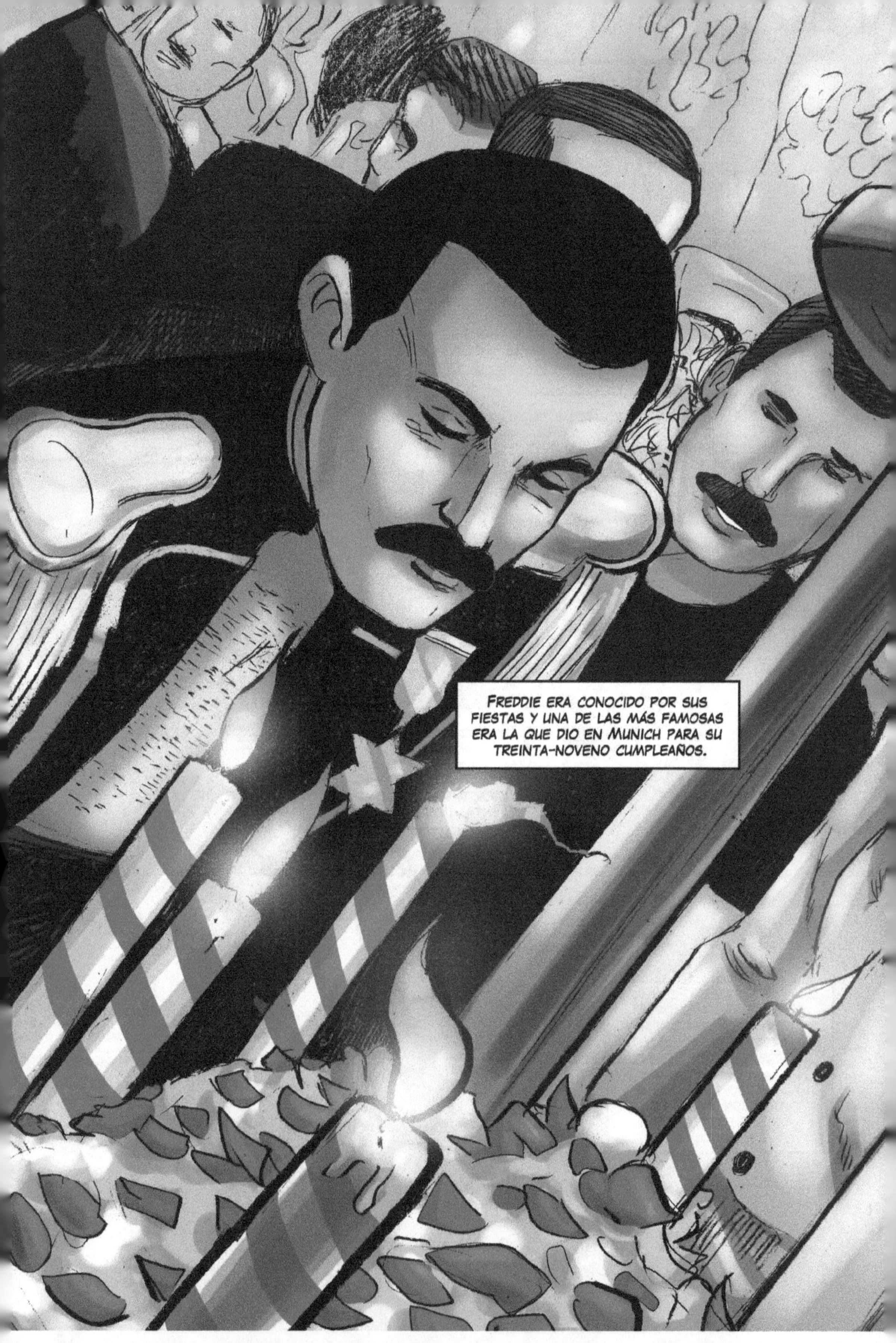
Freddie era conocido por sus fiestas y una de las más famosas era la que dio en Munich para su treinta-noveno cumpleaños.

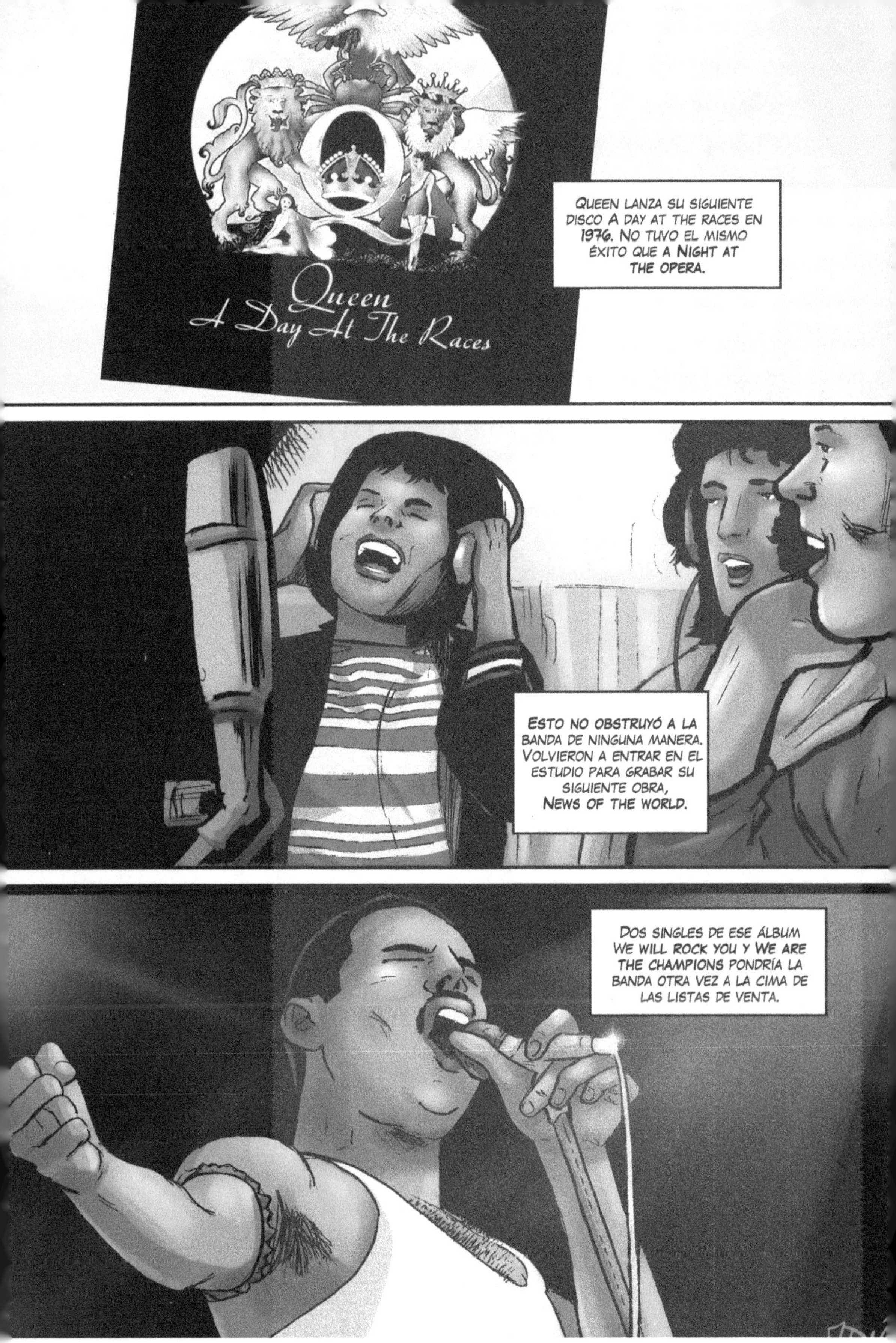
Queen
A Day At The Races
QUEEN LANZA SU SIGUIENTE DISCO A DAY AT THE RACES EN 1976. NO TUVO EL MISMO ÉXITO QUE A NIGHT AT THE OPERA.
ESTO NO OBSTRUYÓ A LA BANDA DE NINGUNA MANERA. VOLVIERON A ENTRAR EN EL ESTUDIO PARA GRABAR SU SIGUIENTE OBRA, NEWS OF THE WORLD.
DOS SINGLES DE ESE ÁLBUM WE WILL ROCK YOU Y WE ARE THE CHAMPIONS PONDRÍA LA BANDA OTRA VEZ A LA CIMA DE LAS LISTAS DE VENTA.

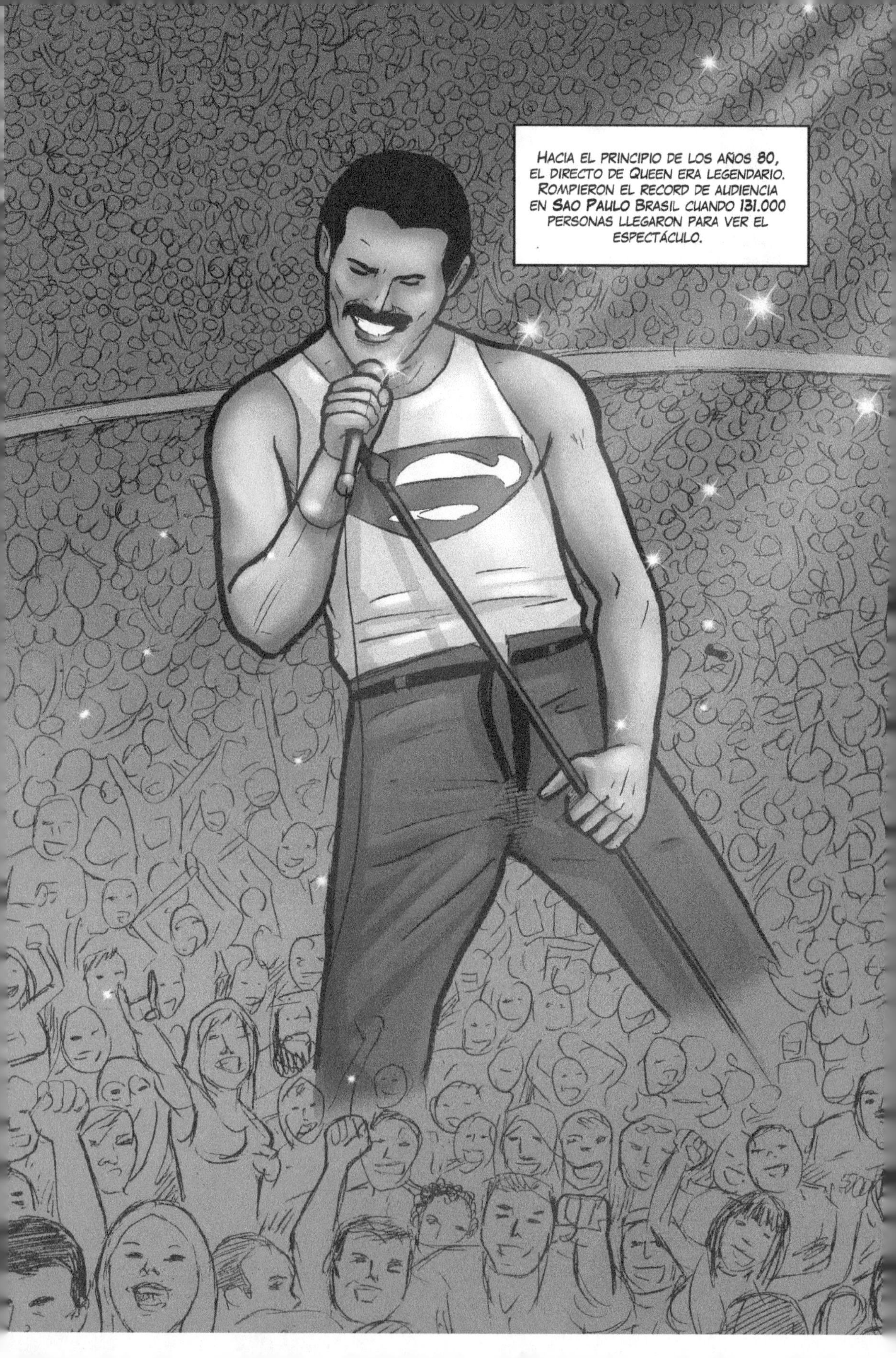
Hacia el principio de los años 80, el directo de Queen era legendario. Rompieron el record de audiencia en Sao Paulo Brasil cuando 131.000 personas llegaron para ver el espectáculo.

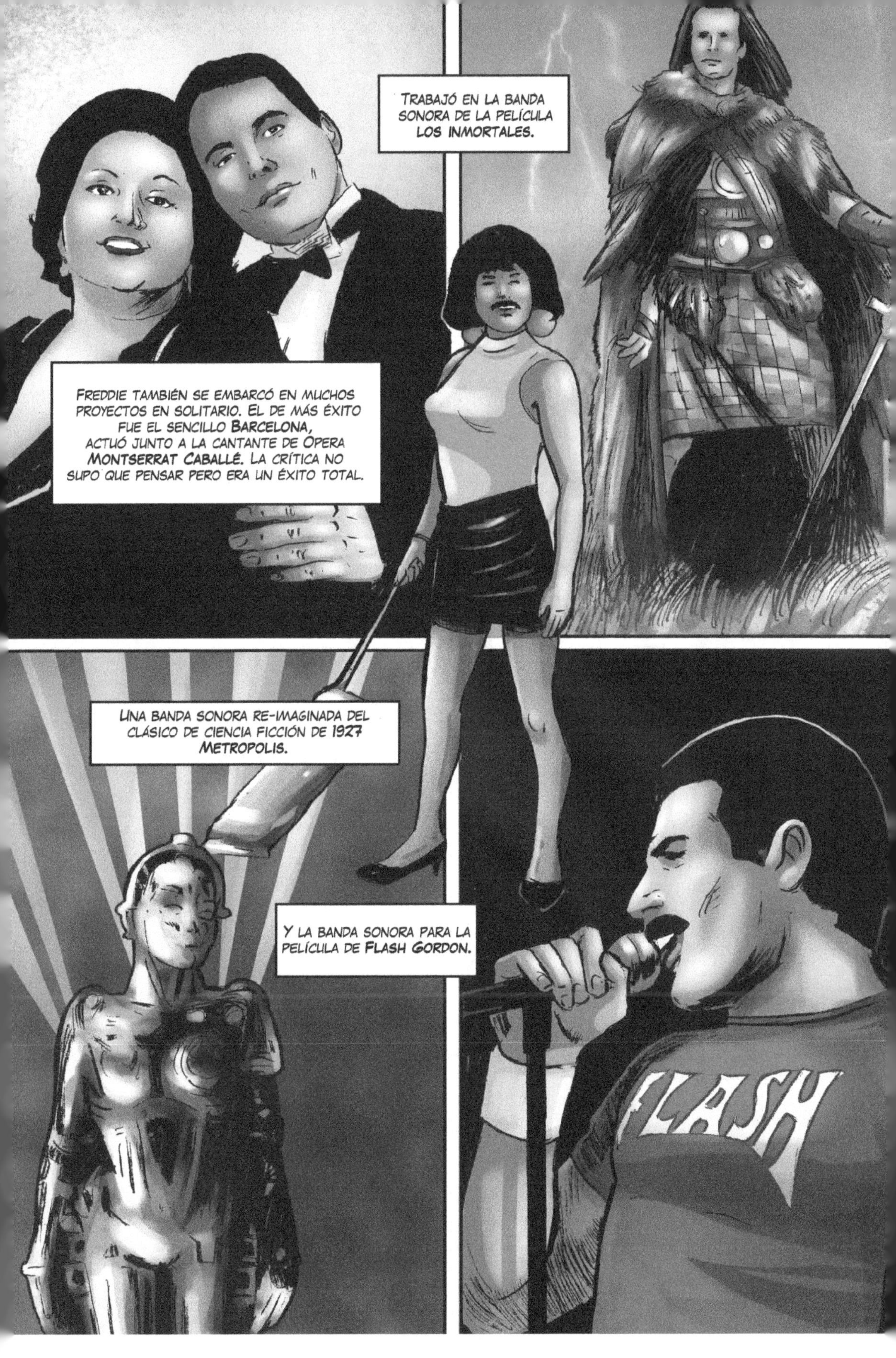
Trabajó en la banda sonora de la película Los Inmortales.
Freddie también se embarcó en muchos proyectos en solitario. El de más éxito fue el sencillo Barcelona, actuó junto a la cantante de Opera Montserrat Caballé. La crítica no supo que pensar pero era un éxito total.
Una banda sonora re-imaginada del clásico de ciencia ficción de 1927 Metropolis.
Y la banda sonora para la película de Flash Gordon.
FLASH

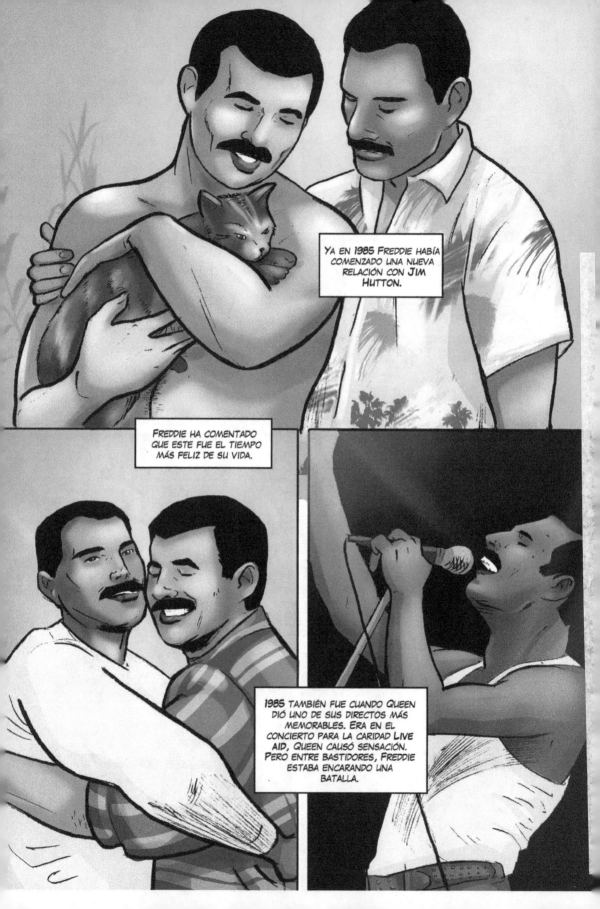

YA EN 1985 FREDDIE HABÍA COMENZADO UNA NUEVA RELACIÓN CON JIM HUTTON.

FREDDIE HA COMENTADO QUE ESTE FUE EL TIEMPO MÁS FELIZ DE SU VIDA.

1985 TAMBIÉN FUE CUANDO QUEEN DIÓ UNO DE SUS DIRECTOS MÁS MEMORABLES. ERA EN EL CONCIERTO PARA LA CARIDAD LIVE AID, QUEEN CAUSÓ SENSACIÓN. PERO ENTRE BASTIDORES, FREDDIE ESTABA ENCARANDO UNA BATALLA.

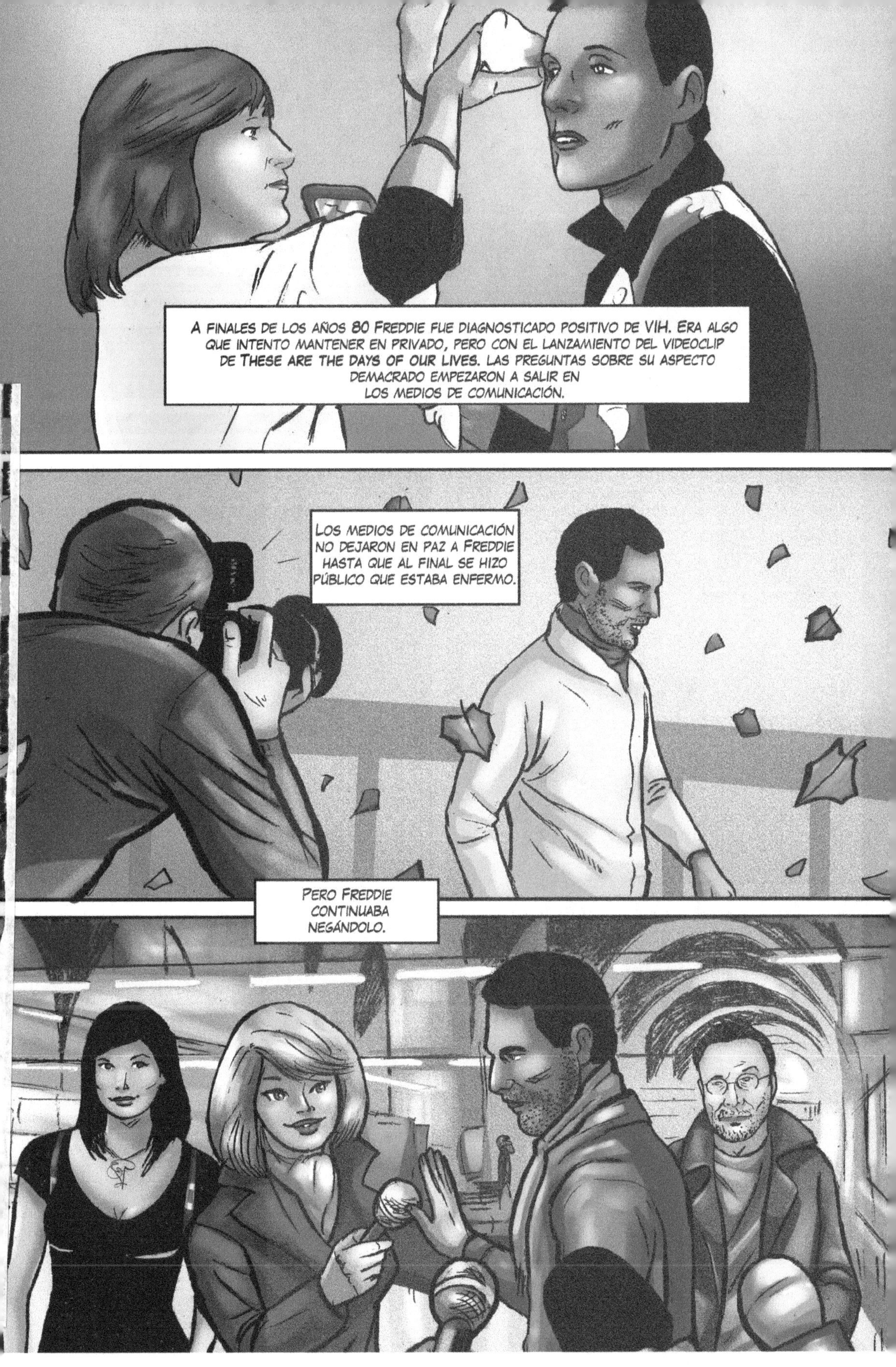
A FINALES DE LOS AÑOS 80 FREDDIE FUE DIAGNOSTICADO POSITIVO DE VIH. ERA ALGO QUE INTENTO MANTENER EN PRIVADO, PERO CON EL LANZAMIENTO DEL VIDEOCLIP DE THESE ARE THE DAYS OF OUR LIVES. LAS PREGUNTAS SOBRE SU ASPECTO DEMACRADO EMPEZARON A SALIR EN LOS MEDIOS DE COMUNICACIÓN.
LOS MEDIOS DE COMUNICACIÓN NO DEJARON EN PAZ A FREDDIE HASTA QUE AL FINAL SE HIZO PÚBLICO QUE ESTABA ENFERMO.
PERO FREDDIE CONTINUABA NEGÁNDOLO.

SU ÚLTIMA APARICIÓN PUBLICA FUE CON LOS BRIT AWARDS EN LONDRES DEL AÑO 1990. QUEEN ACEPTÓ EL GALARDÓN POR UNA CONTRIBUCIÓN ESPECTACULAR A LA MÚSICA.

FREDDIE TERMINÓ SU TRABAJO EN QUEEN EN JUNIO DE 1991 Y SE RETIRÓ A SU CASA EN KENSINGTON.

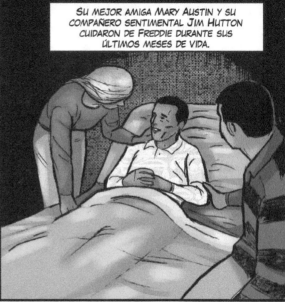

SU MEJOR AMIGA MARY AUSTIN Y SU COMPAÑERO SENTIMENTAL JIM HUTTON CUIDARON DE FREDDIE DURANTE SUS ÚLTIMOS MESES DE VIDA.

FUE EL 23 DE NOVIEMBRE CUANDO EN UNA RUEDA DE PRENSA SE CONFIRMÓ QUE FREDDIE TENÍA SIDA.

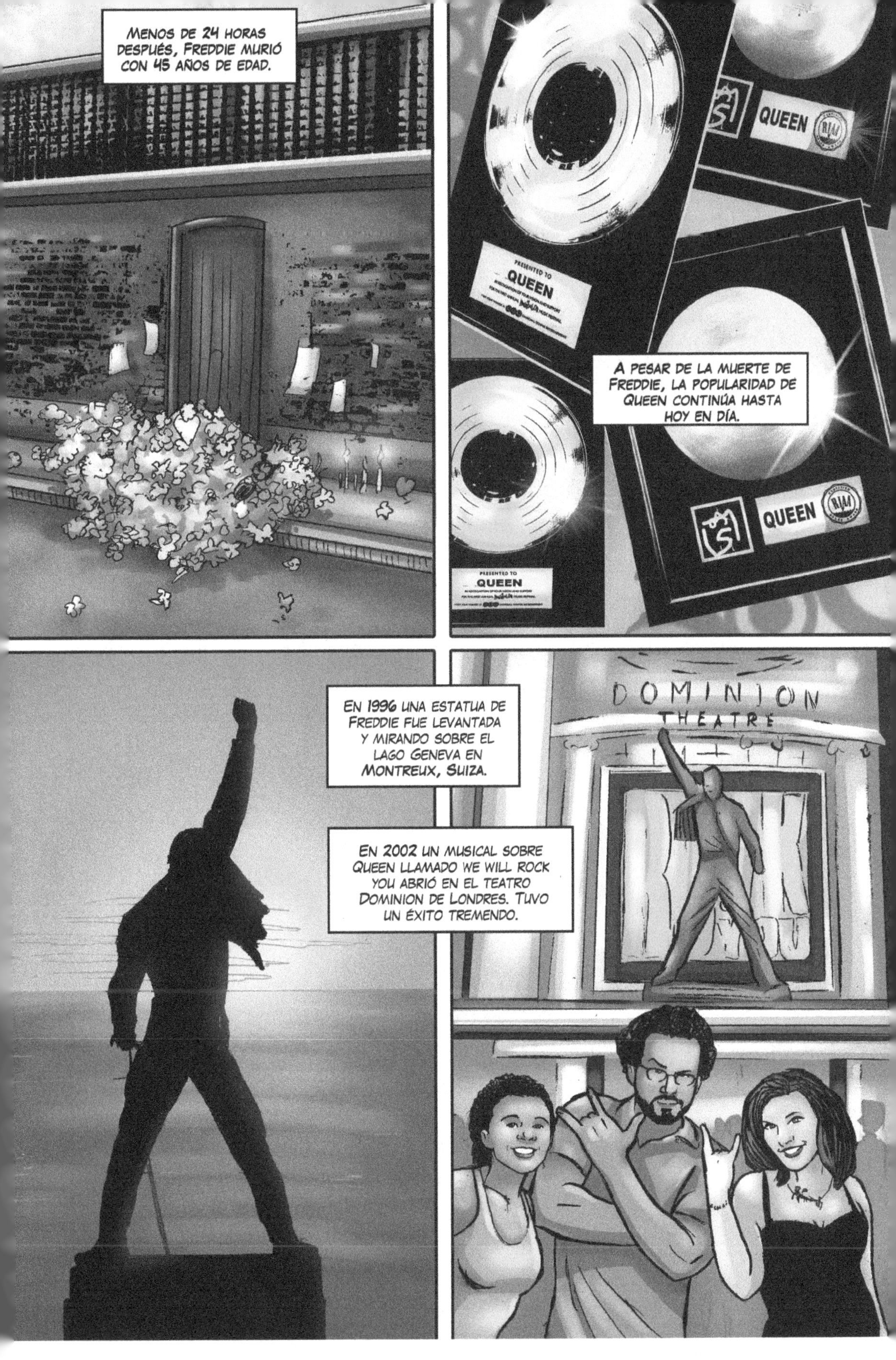

MENOS DE 24 HORAS DESPUÉS, FREDDIE MURIÓ CON 45 AÑOS DE EDAD.
QUEEN
PRESENTED TO
QUEEN
A PESAR DE LA MUERTE DE FREDDIE, LA POPULARIDAD DE QUEEN CONTINÚA HASTA HOY EN DÍA.
PRESENTED TO
QUEEN
QUEEN
EN 1996 UNA ESTATUA DE FREDDIE FUE LEVANTADA Y MIRANDO SOBRE EL LAGO GENEVA EN MONTREUX, SUIZA.
DOMINION
THEATRE
EN 2002 UN MUSICAL SOBRE QUEEN LLAMADO WE WILL ROCK YOU ABRIÓ EN EL TEATRO DOMINION DE LONDRES. TUVO UN ÉXITO TREMENDO.

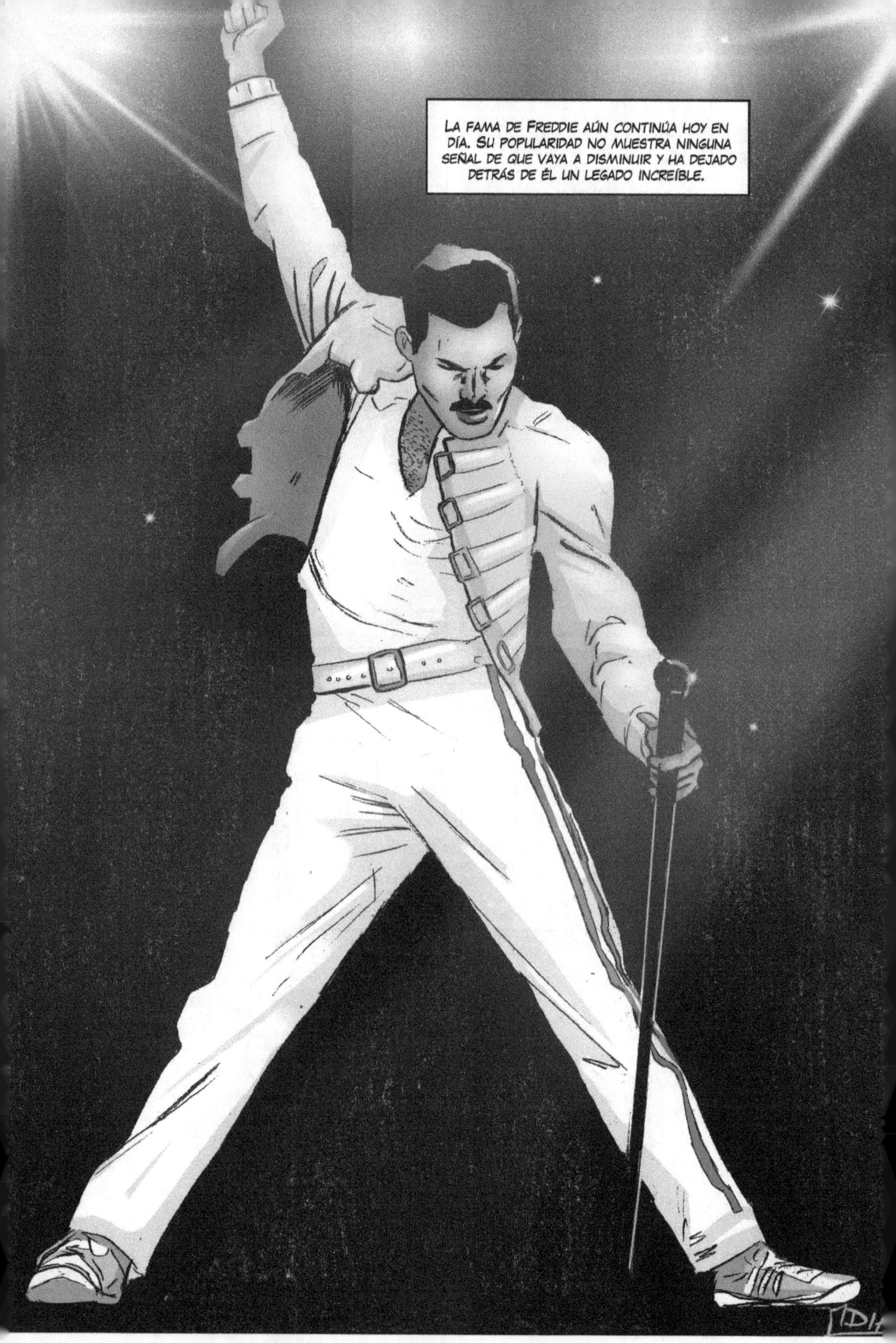
La fama de Freddie aún continúa hoy en día. Su popularidad no muestra ninguna señal de que vaya a disminuir y ha dejado detrás de él un legado increíble.

BLUEWATER
COMICS

AVE FENIX
COMICS Y LIBROS

Mike Lynch ———————————————● Guión

Manuel Díaz ———————————————● Dibujo

Eva Castelli ———————————————● Color

David Hopkins ———————————————● Letra

Hoyt Silva ———————————————● Portada

Portada A: Manuel Díaz

Traductor
Axcalay

www.bluewaterprod.com

PORTLAND'S

CONCERT

HALL

TOC
CONCERT HALL

THEOLDCHURCH.ORG

CPSIA information can be obtained
at www.ICGtesting.com
Printed in the USA
LVHW07s1718230518
578236LV00002B/13/P

9 781948 724012